CRIS ET DOUCEURS

du même auteur aux éditions Deslivrance :
de "COEUR OUVERT"

- **La nuit et l'aube**
- **Soleils à l'ombre**
- **Tumultes et silences**

SOMMAIRE : CRIS ET DOUCEURS

POUSSIERE

Am stram dram,
Pique et pique et colegram

Ta main est partie en poussière,
Et le chien erre dans les rues ;
La bourse du coeur est baissière,
Les nuits se vivent toutes crues,
Percées de violents reverbères,
Trouant l'ombre des avenues ...

L'âme des chiens reste pubère,
En ce monde, ils vivent tout nus ;

Les hommes gardent leurs mystères,
L'horloge rythme un temps perdu,
Ta main est partie en poussière,
Et le chien erre dans les rues.

PROGRAMME.

Mercredi , on va rire !
C'est la récréation...
Pose ton baluchon,
Change ton teint de cire,
Et laisse tes leçons,
Et cède à tes envies !

Sentir à pleins poumons
Entrer l'air de la vie,
Longuement en frissons,

Que la fête est jolie !

Mercredi, tu as dit ?
C'était hier, mercredi !
C'était jour de répit...
Mesurons nos destins,
Quel que soient nos dépits,
C'est vendredi demain !

Y-a plus de mercredi
Plus le temps d'une fête,
Le programme s'arrête
Ce dimanche à midi !

TOUT DOUX

Je respire le temps qu'il fait,
Un saxo joue,
La brise passe,
Un carillon chante l'espace...

Tout doux...

Hier, j'ai monté ton escalier,
Comme il fait doux sur ta terrasse,
Comme était doux ton oreiller !

Matin dimanche , tout est calme,
Tu te laves à tes robinets,
Je t'enduirai d'huile de palme...

Je respire le temps qu'il fait.

EN TROIS SIX NEUF.

Je te sens mal, vous savez ,
Et je te tu-vouvoie,
Par amitié !
Je compte par trois !
En trois six neuf,
Ca fait un bail que c'est ainsi,
Que j'en oublie,
Parfois, que la poule a fait l'oeuf,
Plutôt là-bas, qu'ici !

Je vous sens mal, tu sais,
Avec mon compte sautillant
Et les nombres qui sont passés,
J'entends les hauts du hurlevent
Dans les espaces non comptés,
Qui sont le secret du vivant.

Je te sens mal, vous savez,...
Quelque part au fond des "je t'aime"
Qui longtemps se sont prononcés
Puis se sont tus en son soi-même.

Lettre par lettre consommée,
Au petit jour la certitude
Qui ressemble à une épousée
Devient brûlure qu'on élude.

Le présent en ombres chinoises,
Le quotidien qui plus n'invente,
Disent à l'horloge comtoise...
De lire à la page suivante.

PETALES

Je pleure ....de la connerie universelle,

Je rie .... du rire des enfants,

Et j'hume les parfums...

Divers des fleurs !

Dites-moi donc où vont

Les pétales de roses ?

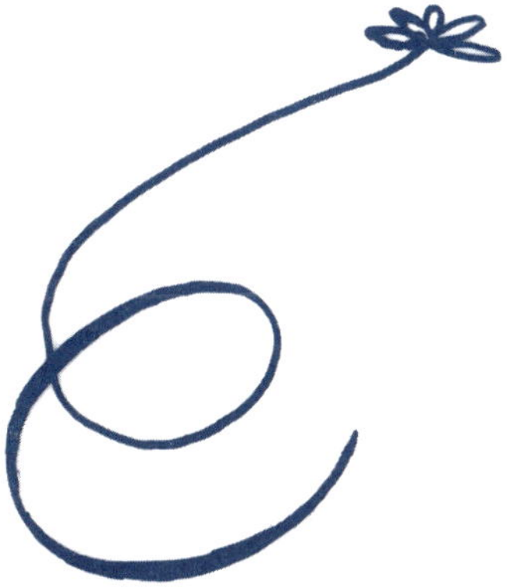

L'ATTENTE

Enfin voici pointer son nez vers le dehors
Avec peur de la vie , quelque part dans son corps,
Le vent, venu d'ailleurs entre en son chateau fort,
Vient se poser ainsi, sur sa lèvre et la mord !

Voici qu'enfin, elle a chassé de son tréfonds,
Des craintes et des peurs longuement entassées
Et surmonté enfin les déceptions passées,
Jeté à d'autres vents ses désespoirs profonds !

Ainsi le chemin s'ouvre à son discernement,
Au but d'ailleurs caché, d'équilibre final ;
Les craintes d'un échec parfois, qui lui font mal
Justifient toute joie vécue intensément.

Bien sûr, tout va très vite et bouscule les jours
D'une souris farouche aux peines envolées,
S'étonnant de paraître ainsi écartelée,
Qui va, qui vient, qui rit, qui s'agite et qui court !

Entrouverts les volets, aéré le repaire,
La vie chante les jours et le coeur peut parler,
Dire tout simplement comment on peut aimer,
Et combien, au bonheur, l'attente est nécessaire !

DE CHAIR ET D'ÂME

L'espoir est une aile céleste,
Dont les contours restent diffus,
Allons, viens me dire tes rêves
En dehors du bruit de la rue .

Dénude -toi de chair et d'âme ,
Là, doucement que je recueuille,
Comme la pluie sur une feuille,
Ton huile essentielle... de femme .

FLANERIE

La bière coule
Sous la cathédrale
Des brasseries des alentours,
Et les visages sont moins pâles
Aprés qu'on ait bu à son tour.

J'ai vu des femmes opulentes
Boire ainsi tout l'après-midi,
Attablées là, mais non violentes....
Jusqu'ici, je n'en ai rien dit.

L'été, le soir, dans le silence,
Lampadaires disséminés,
La solitude vous relance,
Le long des canaux désertés.

Ici ou là aprés une arche
On devine des escaliers,
Que l'on descend, marche après marche ,
La nuit le temps est délié !

Partout, dans le coeur de la ville,
L'Ill est de bras et de canaux,
Refuge calme des idylles,
Quand sont fermés les arsenaux.
Aux balcons sont des fleurs écloses,
Pensées, géraniums ou bleuets ...

Quand tout le monde se repose,
Arrive le temps de flâner.

BIJOUX

Mille sabords, non d'une pipe,
Je vois beaucoup de gens aux fripes ;
Pourquoi est-ce ainsi, je l'ignore !
Savez-vous, vous, la Castafiore ?

Sont-ils vraiment bizarre en tout
Pour ne pas porter de bijoux,
Ressemblant ainsi à des gueux,
Des va-nu-pieds, des culs terreux !

Et puis, ils manquent du sourire,
Qui éclaire les gens heureux.
Croyez-moi bien, y'a pas à dire...

Allons ailleurs,
Ca sera mieux !

MIASMES

Ah non, monsieur, vraiment, ce n'est pas ce qui manque,
Ces ustensiles vieux, que sont les encensoirs,
Agités bruyamment par tous ceux qui se planquent
Dans un silence pieux de voeux et d'ostensoirs !

Et vous me demandez, et de ne rien entendre,
De ce long cliquetis de chaînes et de fer,
Et de ne rien savoir, et de ne rien comprendre,
De faire l'abruti, sous menace d'enfer !

Les miasmes variés qu'il faut bien qu'on respire,
Ou presque, me dit-il, sont répandus partout ,
Et les voeux égrénés de tout ce qu'on désire
Ne sont que les sanglots futurs d'un monde fou.

Ah oui, vraiment, monsieur, me dit-il , je dégoise !
A vous, je peux le dire et ne pas rester coi ;
Ca calme quelque part un peu de ces angoisses,
Qui traînent dans les rues pavées de désarroi !

DOUX JESUS !

Doux Jésus, si tu revenais,
Où donc donnerais-tu de la tête ?

Car de tous ceux qui te font fête,
Combien sont-elles, qui t'ont aimé ?

J'en connais tant qui font des crêches
Mais elles sont tes divorcées !

Cet enfant mâle, au teint de pêche,
Qu'elles posent dans son osier,
Elles le trahiront sans gêne,
Car ainsi va l'humanité ;

Satan s'amuse de ta peine
Car il les possède en entier :
Doux Jésus si tu revenais,
Pour la curée, comme une fête,
Elles te feraient crucifier,
Car le mal règne dans leurs tête.

LA TANIERE .

Et je te dis,
Du bout des lèvres,
Que la vie continue,
Avant de s'arrêter,
De diverses manières !

Tu as fait ta tanière,
Comme un laboratoire ;

Juste un lit canapé
Qui n'est pas un vrai lit,
Pour tout changer des jours
D'un amour en mémoire
Caché dans un tiroir
D'un coeur interrogé.

Alors pour te donner,
Pour te donner encore ,
T'épuiser en besoins
De cadeaux nécessaires,
Apporter aux mourants
L'ultime réconfort,
Un sourire, une main ,
Une impression de vie ...

Et puis l'incertitude,
D'un corps, d'un coeur, d'une tête,
Qui pense.

Des interrogations de fond ,
Tout n'est que provisoire !

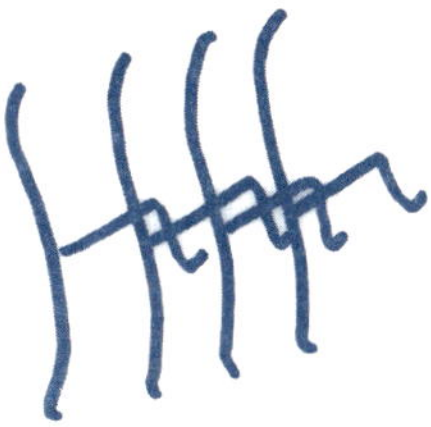

CABARET.

Non ne me montrez pas de femmes aussi belles
Avec le rein creusé et la jambe tendue,
Avec le sein levé ,avec la cuisse nue,
Parées d'un bout d'étoffe ou d'un brin de dentelle,

Qui dansent en souplesse et tout en volupté,
Regardant vers le ciel pour qu'un dieu les invite,
Faisant avec leurs bras des gestes qui incitent
A caresser leur corps et leur peau veloutée.

Elles posent leurs yeux, de soif et d'arrogance,
Sur ceux des spectateurs, qui n'en reviennent pas,
Offertes au regard qui ne les touche pas,
Leurs mains rytment dans l'air les plaisirs de la danse.

Non, ne me montrez pas de femmes aussi belles,
Qu'on ne puisse toucher, qu'on ne puisse que voir,
Car je me sens en cage à cette heure du soir,
Avec un coeur léger, flamboyant, infidéle !

Ce féminin pluriel, singulier, indivis,
Qui vous invite ainsi à en faire le tour,
Dans un jeu merveilleux de voiles, de contours,
Est le ferment secret du couple et de la vie.

l'INVITATION

Seigneur, je ne suis rien sinon qu'un misérable,
Un ouvrier de plus, comme un reste d'écho
Qui veut gagner son pain à mettre sur la table,
Et parmi des millions, je suis sur le carreau.

Je m'étale à vos pieds comme une serpillère,
J'en perds mon peu d'honneur et je me sens tout nu !
Et mon curriculum-vitae en bandouillère,
Ça fait déja deux ans que j'use ma vertu.

Ne vous inquiétez pas, y-a plus de droits de l'homme,
C'était y-a deux cent ans que des fous en parlaient !
Donnez-moi du travail, je suis bête de somme,
Vous êtes le seigneur, et moi serf à crever !

Seigneur, je ne suis rien, sinon qu'un misérable
Un mort-vivant de plus, comme un reste d'écho,
De ces voix innombrables, de tous ces corvéables,
De tous ces moins que rien qui ne portent pas beau !

Quand donc dans un recoin , peut-être de vous même,
Vous qui vivez en grand sur des ventres d'humains,
Quand vous êtes au dessert, champagne ou café-crême,
Ne pensez-vous jamais, qu'il nous manque du pain ?

Seigneur je ne suis rien sinon qu'un misérable,
Un paysan ruiné , comme un reste d'écho,
De crédit en crédit, pour garder mon étable,
Vendant pas cher mon lait, j'ai creusé mon tombeau !

Je m'étale à vos pieds, et je tends ma sébille,
Ayant perdu l'espoir, mes vaches et mes prés ;
Mes enfants sont partis et sont esclav' en ville,
Désertant la campagne , où vous viendrez l'été !

Seigneur, je ne suis rien, sinon qu'un misérable ,
Un jeune de vingt ans, comme un futur écho
De ces nombreux proscrits d'un progrés lamentable,
Qui ne m'octroie en fait que des petits boulots !

Je m'étale à vos pieds, vous demandant l'aumône,
Pendant que vous comptez vos dollars à la bourse,
Et s'il y a des kraschs, magouille ou bien maldonne,
Viendrez-vous avec moi, dormir sous la grande ourse ?

J'vous invite à la rue, au squatt, dans mon quartier,
J'vous invite à fumer, juste un tout petit peu,
A deux pas de chez-vous, pour que vous compreniez,
Que je n'ai pas choisi d'être en habits miteux !

QUI ES-TU ?

Qui es-tu ? toi, le temps,
Dans ta splendeur sublime.
Blason, cheveux d'argent,
Pour coeurs pusillanimes !

Pour faire au jour le jour,
Vivre et mourir d'amour,
S'estomper les passions ,
Naître les désespoirs ,
Vivre des ascensions
Dans l'attente du soir...

Qui es-tu, toi le temps,
Qui boulverse notre âme ,
De fêtes et de drames ,
Qui vont se succédant !

JE FONDS

Je fonds quand je te lis
Dire, ce que tu dis,
En mots que tu écris
Dans un refus d'oubli.

Je fonds de te sentir
Si proche de présence,
Si forte d'existence :
Je scrute l'avenir.

AMUSEMENT.

C'est bien dommage,
Que je n'sois que d'passage...
Je m'habitue !

C'est bien dommage,
Que le temps tourn' les pages ...
Du temps vécu !

C'est bien dommage,
Le temps fait des ravages,
Je vous salue !

C'est bien dommage,
Car j'attends d'être en cage,
Pour mon salut !

C'est bien dommage,
Qui donc a mes hommages ?
Saint' Perpétue !

C'est bien dommage,
J'étais sur un nuage,
Plein de vertu !

C'est bien dommage,
Que je n'sois que d'passage
Comm' dans la rue !

CHEMIN FAISANT

Chemin faisant, le temps qui passe,
Restreint l'espace à quatre murs,
Qui dirait que les temps sont durs,
Pour quatre planches, en face à face !

Et tu regardes la télé...
A la une on voit de gros titres,
Et de paragraphe en chapître,
Le noeud , jamais , n'est dénoué.

Chemin faisant, de fête en fête,
D'anniversaires en saisons
Majeur sans qu'il y-ait de raison
Que s'inscrit-il donc dans les têtes ?

A tout moment vient l'échéance,
Un incident, un impromptu ,
Qui redonne à l'indifférence
Son poids pesant au temps vécu.

SECRET.

La vie est un secret,
Le vent en est un autre,
Chaque goutte de pluie peut faire tout qermer,
Rien ne nous appartient et pourtant tout est notre,
Du soleil que la nuit vient à point relever,
Des saisons lentement se succédant entre elles,
Du vacarme, parfois, de singuliers orages,
Des douceurs de journées d'automnes éternelles,
Devant qui le vieillard est un enfant sans age

La vie est un secret,
Sortie d'une éteincelle,
Et qui se renouvelle
Mais il faut être prêt!

Les oiseaux ne chantent que pour ceux qui savent les écouter.

PARTAGE.

Je vis dans l'ombre de ma vie,
Voir se détruire autour de moi,
Et aussi loin que je regarde,
Du nord au sud , d'est en ouest,
Jusqu'au plus loin de l'horizon,
Au delà de toutes les mers,
Comme à mes pieds, au jour le jour,
Voir se détruire autour de moi,
L'âme des hommes et des femmes,
Et de détresses en détresses,
La vie renonce à exister !

Ils frappent du poing sur la table,
Les tous ceux-là des "Moi-d'abord."

Il n'y a rien à partager !
Et leur silence est sans recours.

Si au milieu de tant de monde,
On voit parfois des abbés Pierre,
Vu d'un peu loin le dérisoire
De leurs efforts et leur amour
Fait souvent mal au fond du coeur !

Et pourtant faut-il raccrocher,
A la patère de la nuit
Le fil d'espoir de cette vie
Qu'on voit partout rescuciter.

VOS YEUX.

Il m'est venu cette envie folle
De te le dire simplement
Au risque de sembler frivole...
Mais que tes yeux sont beaux vraiment !

Comment rester là, sans le dire,
Devant toi en parlant de tout
Avec ton visage en sourire
Devant des plats sans presque goût !

Au milieu de morceaux d'histoires,
De morceaux de vie échangés,
D'un repas lentement sans boire,
Pour que l'on puisse se parler,

Pour conserver la tête claire,
Et pour ne pas aller trop loin,
Ne pas brûler à la légére,
Les lumignons de nos destins,

Au bord de cet étang de Berre
Brillant au loin de mille feux
La nuit tombée est froide et claire,
Alors que s'éclairent tes yeux.

Aurais-je peur du ridicule,
De passer pour qui je ne suis ?
Par instants ces mots là me brûlent
Partiras-tu, si je te dis ?

TROUPIONS.

Toujours prêts et fins prêts.
" Nous voici, nous voilà !"
Les mains sur la couture des pantalons !

Mais au fait, prêts pour quoi ?

Nous sommes positifs, Chef !
(comme une vraie cuti)
Nous sommes inventifs, Chef !
(du papier d'arménie !)

Nous sommes une équipe
Nous sommes un concert
Et n'avons qu'un principe :
. . . Savoir où l'on se sert !

Que personne ne bouge !

C'est l'époque des chiens de faïence
Des comptes à régler et des comptes en rouge,
Du jeu subtil, secret, varié des alliances.

Les toujours-prêts sont là , en rang d'oignon , bien sages,
Les dents cachées, prudents et soignant leur image,
Avant de se croquer, de se mordre à l'envie,
Suivant que le sifflet règle ou non la partie.

CONNIVENCE.

Si je t'invite ....
Dis-moi "non",
Mais seulement du bout des lèvres,
Plutôt pour marquer ta surprise ,
L'aventure doit être prise,
Il faut laisser bêler les chêvres !

Si je t'invite ....
Pourquoi pas !
Pour un faux dîner aux chandelles ,
Tout simplement pour le partage
D'un pain , d'un repas, d'une image ,
D'un peu de temps en balancelle.

Si je t'invite ....
Dis- moi "oui"!
Découverte d'un brin d'espace ,
D'un bout d'univers temporel ,
En vis à vis universel
Pour rire au nez du temps qui passe !

R I R A

Il rit, rions, riez,
Rira bien qui rira le dernier !

Mon p'tit monsieur, ma p'tite dame,
Rions pour enlever ces blocs de vâgue à l'âme
Pour enlever ces poids divers,
Qui vous mettent la tête en l'air
Font tourner le coeur à l'envers
Les jours pairs et les jours impairs !

Rions, riez, rions encore,
le parlement vient de brûler,
La vie des exclus se décore,
Avec le bois des charpentiers.

Mais l'arbître n'a pas sifflé
Et le froid vient dans les campagnes,
Où beaucoup n'ont pour s'habiller,
Plus rien, plus rien... qu'un petit pagne !

Du pays d'Aude à la Bretagne,
De la Bourgogne en Languedoc,
Et jusqu'aux creux de nos montagnes,
De grosses gouttes font des flocs !

Et la météo nous annonce
Quelques brumes pour le matin....

Passent nimbus en pierre-ponce
Rions donc au beau temps qui vient !

SILENCE UNTEL!

Que ne suis-je sinon que l'aura de vos rêves,
Cette âme de vos sens, nécessaire à la vie,
Ce trublion, ce djinn, encore en liberté,
Qui aura quelque part une tombe anonyme !

Mais, vous, famille Untel, regardez vos tombeaux,
Où figurent les noms, les dates et le temps,
De ceux qui sont passé, respirant avant vous,
Ont ri et ont pleuré, en un mot ont vécu .

L'Univers les a pris, un jour ou bien un autre,
Enlevés semble-t-il à l'affection des leurs,
Dont témoignent, parfois, trois misérables fleurs,

Devant un insondable et tranquille silence.

GRAND'AIR.

Dis au bruit.... de fermer sa gueule,
Aux migraineux de se lever,
A l'espoir de se réveiller,
Que le vent passe sur les plaines !

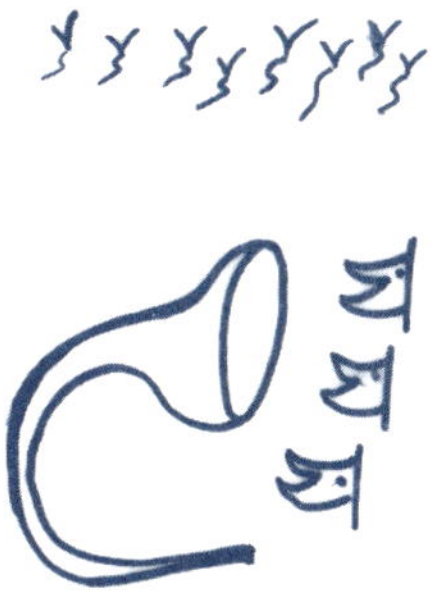

Le sourire des innocents
S'étale à toutes les fenêtres,
Démonstration de ce mal être,
Qui fait l'enflure des puissants !

Agitez vos petits drapeaux
Au passage des limousines,
Et retournez à la cuisine,
Comme un long vol de passereaux !

CLAIRON.

Maris en trompe l'oeil,
Femmes en paravent,
Lauriers en chêvrefeuille,
Soupirs d'adolescents.

Et des Arcs de triomphe,
Pour des trompe-la mort,
Quand les drapeaux se gonflent,
Quand a sonné le sort !

Puis le clairon posthume
Envoie ses notes claires,
Pour ceux qui plus ne hument,
Que l'odeur de la terre !

L'homme est en servitude
Dans l'humanité pâle,
Où le doute s'installe
Avec ses habitudes.

De rire ou de pleurer,
De chanter ou se taire,
De vivre en solitaire,
Est-ce la destinée ?

AU CAFE

Vous m'avez ébloui, mon coeur se désabille ;
Prête à rien, ou à tout, et ce, sans repentir,
Mesurez mon regard prêt à vous dévêtir,
Inquiète, vous avez un coeur de jeune fille !

Inquiète juste un peu, prête à quelques vétilles,
Vous respirez le charme étrange du désir,
Qui flotte en ces instants d'un émouvant plaisir,
Jouissant en secret d'observer ma pupille !

Et vous en convenez, l'endroit n'est pas propice !
Nous débordons d'envie du luxe d'un caprice ;
J'appelle le garçon et régle l'addition !

Alors, fausse distraite, en tout point féminine,
Vous me tendez la main, sérieuse et libertine,
Pour offrir à l'amour un bouquet d'émotion !

PASTEQUE.

La vie est comme une pastèque ,
Un peu de sucre et beaucoup d'eau,
Un film pour cinématèque,
Où perce le cri des oiseaux.

Et l'eau coule vers la rivière,
Passent ainsi les jours de l'an,
Les dieux regardent nos prières,
Et nos voeux qu'emportent les vents.

Et, les fleurs sortent leurs pétales,
Alors que s'allongent les jours,
Le matin la rosée s'étale ,
Les coeurs ont des battements sourds.

Et, la roue tourne pour la fête,
La vie se joue au casino,
Au baccara , à la roulette,
Au pur hasard des numéros !

La vie est comme une pastèque,
Un peu de sucre et beaucoup d'eau ...
Que sont devenus les Astèques ....? ...

Le vent passe sur les roseaux !